NOTE

DE

GUILLAUME GIRAUT,

Notaire au Châtelet d'Orléans.

SUR LA LEVÉE DU SIÉGE,

INSCRITE DE SA MAIN SUR SON REGISTRE DE MINUTES,

Le 9 mai 1429,

AVEC FAC-SIMILE ET NOTICE.

Par M. BOUCHER DE MOLANDON,

Membre de la Société archéologique de l'Orléanais et de la Société française
pour la conservation des monuments.

(Extrait du tome IV des Mémoires de la Société archéologique de l'Orléanais)

ORLÉANS,
IMPRIMERIE D'ALEXANDRE JACOB,
Rue Bourgogne, 220.
—
1858.

NOTE DE GUILLAUME GIRAUT,

Notaire à Orléans en 1429,

SUR LA LEVÉE DU SIÉGE.

Un document précieux pour l'histoire du siége d'Orléans a été retrouvé, vers l'année 1818, après quatre siècles d'oubli, dans les minutes de l'étude dont M. Assier est aujourd'hui titulaire en cette ville

Guillaume Giraut, notaire à l'époque du siége, frappé des merveilleux événements qui venaient de s'accomplir sous ses yeux en quelques jours, eut la pensée de consigner sur son registre de minutes, le 9 mai 1429, le récit sommaire des journées des 4, 7 et 8 mai, et l'expression de sa religieuse admiration pour la Pucelle.

Rapidement écrit, comme l'indiquent assez les abréviations, les interlignes, les ratures et les surcharges qui y abondent, ce court résumé est immédiatement précédé sur le registre par diverses minutes à la date du 28 avril. Un acte daté du 9 mai le suit, au bas de la même page, et presque sans intervalle.

Il n'est pas signé, comme M. Quicherat l'a dit par erreur dans la petite notice placée en tête de ce document dans son quatrième volume (1); mais la signature de Guillaume Giraut se lit au bas de plusieurs minutes inscrites en ce même registre, tant avant qu'après la note relative à la levée du siége.

(1) *Procès de condamnation et de réhabilitation de Jeanne d'Arc, suivis de tous les documents historiques, etc.*, par Jules QUICHERAT.

— 4 —

Cette note est ainsi conçue :

SIÉGE DES ANGLOIS LEVÉ.

« Le mercredi veille d'Ascension, IIIIe jour de may, l'an
« mil CCCCXXIX, par *les gens* — (1) du roy nostre sire et de la ville
« d'Orléans présente et aidant (ou *ordenant*) Jehanne la Pucelle —
« treuvée par ses œuvres estre vierge et à ce envoiée de Dieu nostre
« *Seigneur*, — et aussi comme par miracle fut prise par force
« d'armes la forteresse *des* — Anglois très-puissans à St Loup lès
« Orléans que avoient fait et tenoient les Anglois — ennemis du
« roy nostre dict sire, et y furent pris et mors plus de VI^{xx} *Anglois*.

« Le samedi après l'Ascension Nostre Seigneur ensuivant,
« VIIe jour du dit mois de may, par la — grace Nostre Seigneur et
« aussi comme par miracle le plus évident qui eust — esté appa-
« rent puis la passion Nostre Seigneur, à l'aide des dites gens du
« roy et de la — dicte ville d'Orléans fut levé le siége que les ditz
« Anglois avoient mis ès — thorelles du bout du pont d'Orléans,
« ou costé de la Sauloigne, qui furent pris par très fort assault le
« mardi — XIIe jour du moys d'octobre précédent et dernier
« passé (2), et y furent — mors ou pris environ IIIIe Anglois qui
« gardoient les dictes thorelles. *A ce* — fut présente la dicte Pu-
« celle qui conduit la besoigne armée de — toutes pièces.

« Et les dimanche et lundi (3) ensuivant, les ditz Anglois s'en

---

(1) La fin de chaque ligne dans le manuscrit est indiquée ici par ce signe : —. Les mots ou portions de mots imprimés en italique à la fin de quelques lignes manquent dans le manuscrit et ont disparu avec la marge elle-même.

(2) On a remarqué avec raison que Giraut, trompé par ses souvenirs, a commis ici une erreur de date. Le mardi 12 octobre est le jour où l'armée anglaise, sous la conduite de Salisbury, vint prendre position contre la ville, au faubourg du Portereau. Le fort des Tourelles ne fut pris que le dimanche 24 octobre.

(3) L'abbé Dubois remarque encore l'inadvertance commise par Giraut en ajoutant le mot *lundi*, les Anglais, d'après tous les auteurs con- temporains, ayant complétement évacué leurs bastilles dès le dimanche mai. Cette inexactitude semble pouvoir être facilement expliquée : Giraut

— 5 —

« alerent de St — Poair où ilz avoient faict une forte bastille
« qu'ils appelloient Paris, d'une autre bastille emprez — qu'ils ap-
« pelloient la tour de Londres, du Pressoer ars qu'ils nommoient
« — Roen où ilz avoient faict forte bastille, de St Lorens ou — ilz
« avoient faict plusieurs forteresses et bastilles, et toutes ces —
« forteresses et bastilles closes à ii parties (ou *en partie*) de fossés
« et d'une forteresse — à l'autre. »

La lecture de ces lignes, d'une écriture cursive et mal formée, n'est pas sans difficultés. Le registre où elles sont inscrites a souffert dans sa conservation, par suite de l'abandon où il est resté pendant plusieurs siècles. Les marges, qu'une couverture en mauvais état n'a pu suffisamment protéger, usées par le frottement et l'humidité, ont entraîné quelques mots avec elles.

La note de Guillaume Giraut ne se recommande pas seulement par son incontestable authenticité et par le privilége que peu de documents possèdent d'avoir été écrite par un témoin oculaire au moment et sur les lieux mêmes où venaient de s'accomplir les événements qu'il raconte.

Œuvre d'un homme éclairé, jouissant d'un rang honorable dans la cité, notaire au Châtelet, deux fois investi, avant et depuis le siége, des fonctions de procureur ou d'échevin, d'abord en 1417 et 1418, puis en 1433 et 1434, les faits qu'elle révèle ou confirme acquièrent une véritable autorité, et les sentiments qui y sont exprimés peuvent à juste titre être considérés comme l'écho fidèle des sentiments qu'éprouvaient alors les classes supérieures de la population.

Ainsi, pour ceux qui aiment à étudier, non dans des appréciations postérieures et personnelles, mais sur le fait même et sur l'heure, quelle était la pensée des populations amies ou hostiles relativement à cette merveilleuse intervention de la Pucelle; pour ceux qui cherchent à faire jaillir de ces révélations contemporaines

---

écrivait sa note le lundi 9 mai, probablement dans la matinée, puisqu'elle est suivie sur le registre d'un acte reçu par lui le même jour. Il pouvait vraisemblablement ignorer encore à ce moment les circonstances précises du départ des troupes anglaises.

et locales quelque lumière sur des points encore inexpliqués des triomphes de notre héroïne, il semble d'un grand intérêt d'entendre un Orléanais, placé comme l'était Guillaume Giraut, rendre par deux fois témoignage, dans un écrit intime et toutefois revêtu d'une certaine autorité, d'accord sur ce point, d'ailleurs, avec les traditions les plus authentiques au caractère surnaturel de la mission de Jeanne d'Arc.

D'autres renseignements précieux pour divers faits du siége se rencontrent également dans cette note. Les deux lignes finales, notamment, sur lesquelles j'aurai bientôt à revenir, révèlent des détails curieux sur la forme et l'assiette des ouvrages militaires construits par l'armée anglaise.

Aussi, dès le moment de sa découverte et depuis, ce document, malheureusement trop succinct, a-t-il appelé l'attention de tous ceux qui se sont occupés de notre siége mémorable et des faits qui s'y rattachent.

Le 30 mai 1818, sur la demande de M. le comte de Rocheplatte, maire d'Orléans, une copie authentique lui en fut délivrée par Me Lorin, alors titulaire de l'étude, et par Me Cabart, son collègue.

Cette expédition porte la mention suivante :

« L'an mil huit cent dix-huit, le trente mai, à la demande de
« M. le comte de Rocheplatte, maire de la ville d'Orléans, chevalier
« de l'ordre royal de la Légion-d'Honneur, collation des présentes
« a été faite par Me Jacques-Christophe-Pierre-François-de-Sales
« Lorin et son collègue, notaires royaux à Orléans, soussignés, sur
« l'original de ladite notice demeurée, avec le registre dont elle
« fait partie, en la garde et possession dudit Me Lorin, notaire,
« comme dépositaire des minutes de Guillaume Giraut.

« Le registre d'où cette notice est tirée a éprouvé quelques alté-
« rations qui y ont causé des lacunes ; elles sont indiquées ici par
« les blancs remplis de points. »

Signé LORIN, *signé* CABART.

« Suit la copie figurée de la notice. »

Malgré son caractère officiel, cette expédition contient beaucoup de lacunes et d'assez nombreuses erreurs, dont quelques-unes sont graves et altèrent le sens du texte.

Ainsi, ligne 2 du manuscrit, MM⁰ˢ Lorin et Cabart ont lu : *présence et ardeur*, au lieu de *présente et aidant* (ou *ordenant*). Même ligne, *par ses œuvres étant vierge*, au lieu de *treuvée par ses œuvres être vierge*.

Ligne 12, interligne, *prises par effort assault*, au lieu de *par très fort assault*.

Lignes 11 et 12, *lundi* xɪɪᵉ *jour du mois d'octobre*, au lieu de *mardi* xɪɪᵉ *jour du mois d'octobre*, etc.

Ligne 17, *Saint Poair, qu'ils appelloient Paire, où ils avoient fait forte bastille*, au lieu de *Sᵗ Poair, où ils avoient fait une forte bastille qu'ils appelloient Paris*.

Ligne 18, *de Pressevart*, au lieu de *du Pressoër ars*.

Lignes 20, 21 et 22, *et toutes .... forteresses et bastilles closes en pierres de fossés et d'une forteresse à l'entour*, au lieu de *et toutes ces forteresses et bastilles closes à* ɪɪ *parties* (ou *en partie*) *de fossés, et d'une forteresse à l'autre*.

Quelques années plus tard, le savant abbé Dubois en inséra dans un de ses manuscrits, aujourd'hui déposé à la bibliothèque publique (t. II, p. 49 du cahier nᵒ 24), une nouvelle version plus complète et plus exacte que l'expédition délivrée à M. de Rocheplatte, mais où se retrouvent encore les fautes signalées plus haut, lignes 11, 21 et 22.

M. Jollois, dans son *Histoire du Siége d'Orléans* (p. 25), s'est borné à reproduire le texte de l'abbé Dubois.

Enfin, M. Quicherat, dans son recueil si précieux des documents relatifs à Jeanne d'Arc, a publié à son tour (t. IV, p. 282), *d'après une autre copie*, dit-il, *prise sur l'original*, la note de Guillaume Giraut, précédée d'une notice en quelques lignes.

Il est à regretter qu'avant de les insérer dans un ouvrage destiné à faire autorité à l'avenir, l'érudit et si exact M. Quicherat n'ait pu vérifier lui-même la copie et les notes qui lui ont été transmises. Quelques erreurs qui se remarquent dans la notice et diverses inexactitudes aux lignes 2, 7, 9, 11, 12 et 22 du manuscrit eussent heureusement disparu.

Pour ne rien omettre, je dois mentionner ici une dernière traduction plus fautive qu'aucune autre, et qu'une personne inconnue a eu la malheureuse inspiration d'écrire en marge, et parfois entre les lignes du manuscrit.

Des recherches auxquelles je me livrais en 1857, au sujet des bastilles élevées par les Anglais autour d'Orléans, avaient appelé mon attention sur le dernier alinéa de la note de Giraut, où il est question de ces forteresses, et surtout sur la phrase finale, ainsi reproduite par M. Jollois d'après M. l'abbé Dubois : .... *et toutes ces forteresses et bastilles closes à* II *parties de fossés et d'une forteresse à l'entour.*

Ces forteresses closes d'une forteresse à l'entour me paraissaient quelque chose de si étrange, que, pour éclaircir ce passage, je voulus consulter d'abord les autres leçons dont je connaissais l'existence.

L'expédition authentique délivrée au maire d'Orléans avait, comme on l'a vu plus haut, reproduit ainsi cette phrase finale :

Et toutes ... forteresses et bastilles closes en pierres de fossés et d'une forteresse à l'entour.

Enfin, la copie transmise à M. Quicherat, et publiée par lui, différait encore des précédentes :

Et toutes ces forteresses et bastilles closes à II *parties de fossés et d'une ..... à l'entour.*

Fort embarrassé au milieu de ces variantes, je recourus au texte original. Je ne fus pas médiocrement surpris de reconnaître, sans trop de difficultés, qu'une erreur grave avait été commise dans les diverses versions publiées jusqu'ici, et que la phrase devait se lire telle qu'on l'a vue dans la traduction qui précède :

.... *Et toutes ces forteresses et bastilles closes à* II *parties de fossés et d'une forteresse à l'autre.*

Cette nouvelle correction m'offrait à la fois un sens raisonnable et la confirmation précieuse et inattendue de deux faits indiqués par plusieurs auteurs contemporains, mais rarement d'une manière aussi formelle que par le témoin oculaire Guillaume Giraut, à savoir que les forteresses et bastilles étaient closes d'une double ceinture de fossés, *closes à* II *parties de fossés*, et que, de plus, des fossés en forme de ligne de circonvallation s'étendaient d'une *forteresse à l'autre*.

Je n'eus rien de plus pressé que de faire part de ma découverte à mon savant collègue, M. de Vassal, en appelant sur elle le concours à la fois et le contrôle de son érudition paléographique. M. de Vassal approuva ma version, mais seulement en ce qui concerne le membre final : *et d'une fortaresse à l'autre* ; quant au membre précédent, où je lisais avec MM. Dubois, Jollois et Quicherat : *closes à* II *parties de fossés*, il maintint avec une inébranlable fermeté qu'il devait être lu autrement et ainsi qu'il suit : *closes en partie de fossés*, version nouvelle qui détruisait l'induction que j'avais cru découvrir, pour y substituer un sens différent et nouveau.

Entre l'une et l'autre interprétation, libre à chacun de choisir.

Au cours de ces recherches, j'avais été frappé de cette pensée, que si, par un de ces regrettables accidents qu'il faut toujours prévoir, le précieux manuscrit confié à la garde de M. Assier venait un jour à disparaître, l'expédition authentique délivrée à la mairie d'Orléans, avec ses inexactitudes et ses lacunes, deviendrait en quelque sorte le texte officiel, et qu'au milieu des variantes accueillies dans les diverses reproductions publiées jusqu'ici, il serait difficile de retrouver le texte véritable et le sens réel de ce document.

Il me semblait donc désirable qu'une traduction fidèle et complète dissipât les incertitudes et reproduisît enfin la note dans son exacte intégrité. Elle figurera désormais en regard du texte dans le manuscrit dont M. Assier est dépositaire.

C'était déjà beaucoup : il me parut que la note de Guillaume Giraut méritait quelque chose de plus.

Je sollicitai et j'obtins de M. Assier l'autorisation de faire lever un *fac simile* de la page manuscrite. Ce *fac simile*, exécuté avec un soin minutieux, attentivement vérifié, et auquel l'inépuisable obligeance de M. de Vassal a donné la garantie d'une scrupuleuse fidélité, conservera désormais, non plus seulement le sens, mais le texte lui-même (1).

Ainsi se verront détruites les incertitudes qui existaient et au-

---

(1) Un exemplaire du *fac simile* est annexé à cette notice.

raient pu se perpétuer sur quelques passages de la note du notaire Giraut. Son existence se trouve à jamais assurée, sa connaissance plus répandue. Ce document était bien digne des soins qu'on en prend ici, car, malgré sa brièveté, et dans sa simplicité naïve, il se rattache d'une manière intime à notre siége mémorable et à la grande et sainte figure de la libératrice d'Orléans.

Fac-Simile de la page 19 du registre des minutes de Guillaume Giraut

Notaire au Châtelet d'Orléans. — Année 1429. (1)

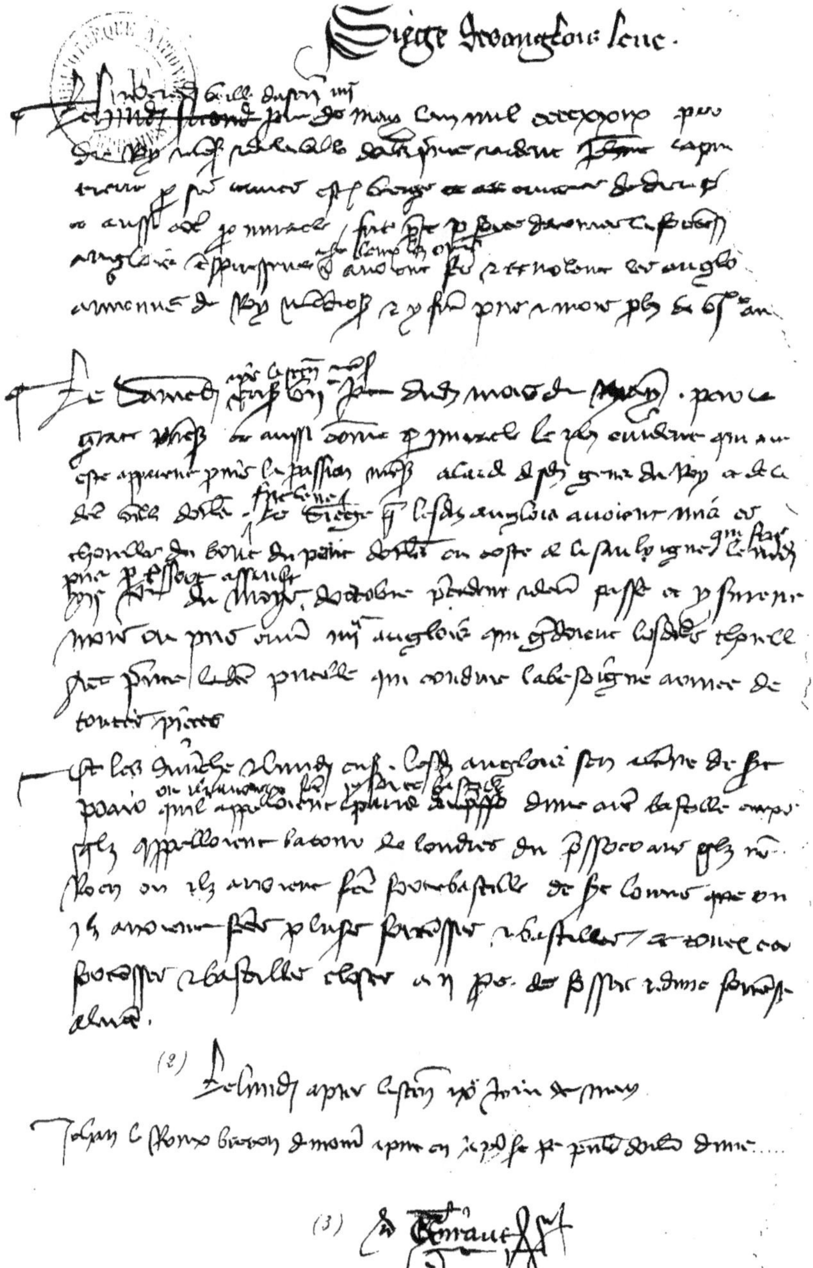

(2)

(3)

(1) Ce Registre est conservé en l'Etude de M.e Rossier, Notaire à Orléans dépositaire des minutes de Guillaume Giraut: — des minutes d'actes à la date du 28 Avril 1429. remplissent entièrement les pages 16 17 et 18.

(2) Date (Le lundi après l'Ascension 9e jour de mai) et 1re ligne d'une autre minute qui suit immédiatement; au bas de la même page, la note relative à la levée du siège.

(3) Signature de Guillaume Giraut, telle qu'elle se lit à la page 77e et à plusieurs autres du Registre.

www.ingramcontent.com/pod-product-compliance
Lightning Source LLC
Chambersburg PA
CBHW070435080426
42450CB00031B/2663